Le flocon de Noëlle

Pour mon père, qui m'a inspiré cette histoire
– c'est lui, le vrai Pappie.

Le flocon de Noëlle

Benji Davies

Adaptation française
de Mim

MILAN

Tout là-haut dans le ciel,
lors d'une longue nuit d'hiver,
un flocon de neige est né.

Il flotte, volette et tourbillonne entre les nuages.
– Youpiiiiiiii ! s'écrie le flocon.
Soudain, voilà qu'il se met à tomber.
– Oh non, je veux rester ici ! proteste-t-il.

– Tu n’as pas le choix, lui explique un nuage.
C’est le destin des petits flocons,
ils tombent tous du ciel.

– Mais pas moi, supplie le flocon. Je t’en prie,
Nuage ! Aide-moi ! Ne me laisse pas…

– Ne t’inquiète pas, le rassure le nuage.
Tu trouveras ton chemin. Bonne chance !

Le petit flocon n'en est pas si sûr.
Il est ballotté dans un sens, et dans l'autre.
Puis il dérive de-ci, de-là.

À force d'enchaîner les cabrioles,
le petit flocon a drôlement mal au cœur.

Bien loin de là, dans une ville nichée au creux des montagnes, une petite fille rentre chez elle avec son grand-père.

Elle s'appelle Noëlle.

Dans l'air froid et piquant, le souffle de Noëlle dessine des nuages.

– Peut-être que ce soir, il neigera ? se demande-t-elle.

Au-dessus des vallées, des ruisseaux et des collines parsemées
d'arbres, le petit flocon continue de dégringoler.
Si seulement il pouvait arrêter de tomber…

… et trouver un endroit pour l’accueillir.

À chaque fois qu'il croit enfin se poser,

le petit flocon est poussé plus loin par le vent.

Impossible de résister.

Le petit flocon frôle de nombreuses fenêtres.
Elles brillent comme des lampions dans
le ciel nocturne.

Derrière une vitrine, le petit flocon aperçoit un arbre magnifique, décoré d'une multitude de lumières et d'une étoile étincelante.

L'espace d'un instant, il en oublie sa longue chute.

– J'aimerais tant être cette étoile au sommet de l'arbre ! souffle-t-il.

Noëlle aussi a repéré la vitrine. Le sapin est si beau,
avec toutes ces couleurs et cette étoile scintillante !

Elle voudrait bien en avoir un comme ça.
– L'année prochaine, peut-être, suggère Papy.

Ils poursuivent leur chemin, admirant les arbres derrière les fenêtres.
Ils sont tous si différents et si lumineux !

Près de sa maison, Noëlle trouve une branche dans la rue.

– Oh, tu seras mon petit sapin à moi !
s'exclame-t-elle.

Dans le ciel, l'air s'est refroidi et l'obscurité est tombée.
Le vent souffle toujours fort et entraîne avec lui le pauvre petit flocon.
Jamais il ne trouvera un endroit où se poser !

Soudain, dans le sifflement des bourrasques, il entend un rire…

Incroyable ! Des flocons, comme lui. Ils sont si nombreux !
Ensemble, ils dansent et flottent dans le vent.

Bientôt, d’autres flocons les rejoignent, qui tourbillonnent
et volent dans tous les sens.
Ils se dépassent, se croisent, se frôlent…

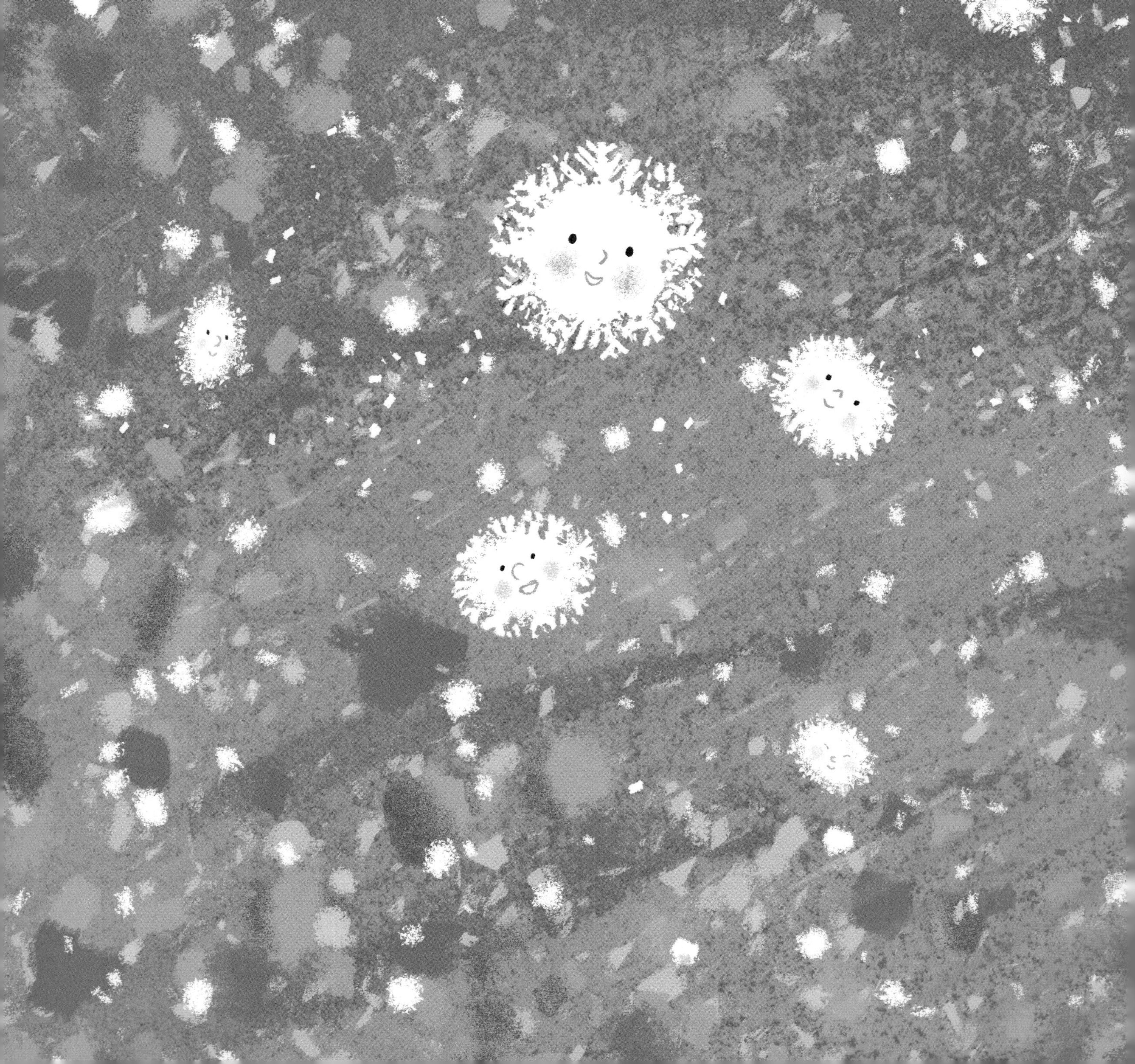

Chacun est différent, mais pourtant, ils tombent tous dans la même direction. Le petit flocon est rassuré d'être si bien entouré.

Arrivée à la maison,
Noëlle se met au travail.

Sa maman sort des vieilles boîtes
et toutes sortes de papiers.

Avec Papy, Noëlle choisit
des décorations de différentes
couleurs, comme sur
l'arbre de la vitrine.

Et ils fabriquent même
des petits flocons en papier.

Puis Noëlle installe son sapin sur le rebord de la fenêtre,
pour pouvoir l'admirer.

Elle espère que bientôt, la neige viendra
se poser sur ses branches maigres.

En montant se coucher, Noëlle a le sentiment
qu'il manque encore quelque chose sur son arbre.

Quelque chose de très important… mais quoi ?

Au-dessus de la maison, le ciel bouge…

S'étire…

tournoie…

enveloppant tout autour de lui…

– Tu y es presque !
chuchote le nuage.

Lorsque Noëlle ouvre les yeux
le lendemain matin, elle a l'impression
que quelque chose a changé.

Tout est plus lumineux,
plus calme, plus doux.

En sortant de son lit, soudain,
une pensée lui traverse l'esprit.

– Mon petit sapin !

Noëlle n'en croit pas ses yeux.

Dehors, les toits, les collines et les arbres sont tous devenus blancs.

Et au sommet du sapin de Noëlle,
un très joli flocon s'est installé.

– J'ai réussi ! s'écrie-t-il. J'ai trouvé où me poser !

Le petit flocon se sent si fier !

Le soleil s'est levé.
Noëlle se met à danser.

Et dans la lumière du matin,
le petit flocon scintille comme une étoile.

Première édition :
Publié pour la première fois en Grande-Bretagne
par HarperCollins Children's Books en 2020 sous le titre *The Snowflake*.
HarperCollins Children's Books est une filiale de HarperCollinsPublishers Ltd.
HarperCollins Publishers, 1 London Bridge Street, London SE1 9GF

Adaptation française de Mim
Correction : Josselin Rieu

Pour l'édition française :

1, rond-point du Général-Eisenhower, 31101 Toulouse Cedex 9, France
editionsmilan.com

Loi 49.956 du 16 juillet 1949 sur les publications destinées à la jeunesse.

Dépôt légal : novembre 2020
ISBN : 978-2-7459-9760-9
Achevé d'imprimer au 3e trimestre 2021 en Chine

Tu vides tes étagères et connais déjà ce livre par cœur ? Donne-le !